चौतारीमा गीतहरू

कृष्ण गिरी

Made with ♥ on the Notion Press Platform
www.notionpress.com

क्रम-सूची

क्रम-सूची

क्रम-सूची

लेखकको परिचय

गीतकारका प्रकाशित कृतिहरु :-

१. दार्जीलिङका केही नेपाली साहित्यिक प्रतिभाहरु

२. गएका दिनले छाडेका कथाहरू (संकलन)

३. तिम्रा हाम्रा कथाहरू (संकलन)

४. जीवनका रेखाहरू (")

५. जमन (एकांकी नाटक संग्रह

६. व्यङ्ग्योद्यान (व्यङ्ग्य संग्रह)

गीतकार को पूरा नाम:

कृष्ण बहादुर गिरी

मङ्पु, दार्जीलिङ, पश्चिम बंगाल

1. दिशा हीनता

एउटा भूल छोप्न खोज्दा
अर्को भूल हुन्छ,
त्यसलाई पनि छोप्न खोज्दा
भूलको दह हुन्छ ।

भूलै भूलको घडेरीमा
अविश्वासको बास हुन्छ,
चारै भिता भत्किएको
जीवनको घर हुन्छ ।

सधैँ देख्ने सङ्लो पानी
आँखासँगै धमिलिन्छ
मनको आकार मन भित्र
विचारसँगै साँघुरिन्छ ।

टेकिएको हरेक पाइला
बर्वादीको निशान हुन्छ
देखिएको हरेक कुरा
आशंकाले रंगाइ दिन्छ।

2. गोठाले मन

आँगनमा कहिले मेरो बाबरी फुलेन
जीवनभरि कहिले पनि घाम नै लागेन

फाटेको दौरा मागेको सुरुवाल
गोठमा बास छ
लाटोको खुट्टा बाटोमा पर्ला
एति नै आश छ ।
न कोही आफ्नो न केही आफ्नो
अर्कोकै कमारो
तिमीलाई पनि म जस्तै देख्छु
को भन्ने बिचरो ।

छामेर हेर तालुमा मेरो
नाम्लोको डाम छ
न घर मेरो न गोठ मेरो
एक मुट्ठी सास छ ।
धनको नाममा एक जोडी जाँतो
खुकुरी बन्चरो
तिमीलाई पनि म जस्तै देख्छु
को भन्ने बिचरो ।

3. बैंशको बतास

यस्तै हुन्छ यो बेलामा
जवानीको भल
घाम-पानी इन्द्रेणीको
रमाइलो खेल ।

जोवनको संघारमा पाइला टेके पछि
फूलका ती कोपिलाले फूल्न थाले पछि
परागको सुवासना आफै छरिइन्छ
बाटो हिँड्ने बटुवाको मनै लोभाइ दिन्छ ।

भावनाको आकाशभित्र मन डुलेपछि
बादलले कलीहरु चुम्न थाले पछि
सुकोमल अधरमा रस छरिइन्छ
छातीभित्र उकुस मुकुस आफै भरिइन्छ ।

4. प्रतियोगिता

ठूलो हुनुको द्वन्दमा कसलाई ठूलो बनाँए
ठूलो हुनुकै द्वन्दमा कसलाई धूलो बनाँए

जित्नेहरुका हूलभित्र
कसले जित्यो थाहा छैन
हार्नेहरुका हूलभित्र
कसले हार्‍यो थाहा छैन ।

थिचिनेको हूलभित्र
कसले थिच्यो थाहा छैन
खोस्नेहरुका हूलभित्र
कसको खोस्यो थाहा छैन।

रमाउनेको हूलभित्र
को, को रमाए थाहा छैन
गुमाउनेका हूलभित्र
के, के गुमाए थाहा छैन।

5. धूमिल दृष्टि

सुखमा माते, दुःखमा माते
रीसमा माते, आशामा माते
हेर्दा हेर्दै, देख्दा देख्दै
नशारोगमा लक्ष्य डुबाएँ।

नशाकैलागि बाबु कुटें
नशाकैलागि आमा कुटें
गाँउ-घर, समाज शान्ति
बेहोशीमा सबै जलाएँ।

न त वर्तमान चिन्न सकें
न त भविश्य देख्न सकें
लधिमा गरिमा जीवन- कान्ति
स्वाभिमानको स्व हराएँ।

6. अदेख

कसको दर्द ठूलो
कसको दर्द सानो
दाँजाएर हेर्नलाई
कुनै साधन छैन ।

सुखी कसलाई भन्छ
दुखी कसलाई भन्छ
मनभित्र देखि दिने
कुनै आँखा छैन ।

विश्वास कस्तो हुन्छ
भ्रम कहाँ बस्छ
परिचयको पर्दा खोल्ने
कुनै हात छैन ।

मन्दिर केलाई भन्छन्
ईश्वर कहाँ बस्छन्
साधनाको सत्य बाहेक
कुनै सत्य छैन ।

7. विपना

एक थोपा आँशुभित्र एउटा कथा हुन्छ
एक थोपा रगतभित्र एउटा चोट हुन्छ
एक थोपा पसीनामा एउटा आशा हुन्छ
तीन थोपाको जतन भए फूल मुस्कुराउँछ ।

गरीबलाई अमीरको सुख सुनाइ हेर
भोको जनलाई भगवानको बचन सुनाइहेर
आँशुमा आँशु थपे निराशाको डर
भोकोमा भोक थपे मरिजाने डर ।

रिसाहालाई रिस देखाई रन्को छुटाइहेर
दुखियालाई दुःख देखाई दुःख छुटाइहेर
आगोमा आगो थपे डड्‌लोको डर
पानीमा पानी थपे पहिरोको डर ।

8. प्रीतिको तरगं

सुकुमारी मुहारहरु उसै हाँस्न खोज्छन्
वैश बोकी बसन्तको सुवास छर्न खोज्छन्

भित्री मनको पर्दा खोली
कोही आए जस्तो ।
चाहनाको पंख फिँजाइ
मिलन खोजे जस्तो ।

आफू हिड्ने बाटो बीच
कोही उभे जस्तो
भावनाले मुटु समाइ
मन्दिर खोजे जस्तो ।

कुनै श्वास हावा बनी
छोइ गए जस्तो
एउटा संगीत दोहोरीमा
आफै बजे जस्तो ।

9. सिपाहींको मन

बन्दुकबाट छोडिएको मत एउटा गोली
सिपाहींको छोटो जीवन आज छ कि भोलि ।

तिमीसंग कुनै दिन हाँसिदिँए होला
तिमीसंग कुनै दिन रिसाइदिँए होला
रमाइला दिनहरू संगालेर राख्नु
रिसाएका दिनहरू त्यसै बिर्सिदिनू ।

मैले बाँच्ने कति दिन टुंगो केही छैन
मैले मर्ने दिन, तारिख समय केही छैन
मेरा केही दोष भए दोषी मानिदिनू
मेरा केही गुण भए संझी रमाइदिनू ।

10. अन्योलता

मेलै तिमीलाई बुझिनँ कि
तिमीले मलाई बुझेनौ
मैले पनि सोधिन
तिमीले पनि सोधेनौ ।

भेद बड्दै हुँदैछ
पर्खालहरु बन्दैछन्
हेराइभित्र देखाइहरू
बेग्ला बेग्लै हुँदैछन् ।

शंका बड्दै जाँदैछ
नाता टुत्दै जाँदैछ
धुवाँभित्र अनुहारहरु
ऐना खोज्दै आउदैछन ।

तिमीले मलाई देखेनौ कि
मैले तिमीलाई देखिनँ
मैले पनि सोधिनँ
तिमीले पनि सोधेनौ ।

11. पर्दा

धनदानीको लेखा-जोखा
मान सम्मान सबै छन्
कर्म दानी बेहिसाब
निरन्तर बेहाल छन् ।

मान हुने हजुरको
इमान खोज्नै बाँकी छ
इमान हुने विचराको
मान खोज्नै बाँकी छ।

चिप्लो मीठो वचनको
भेद खोल्नै बाँकी छ
सोझो रुखो वचनको
गुण खोज्नै बाँकी छ ।

12. भित्री पृष्ठ

टाडाबाट तिमीले केही कुरा लेख्यो
ती कुरामा तिमीले धेरै याद लेख्यो ।

पढ्दा पढ्दै तिम्रा आँखा पुछुँ पुछुँ लाग्यो
तिमी मानी यसैलाई छोऊँ, छोऊँ लाग्यो

यादका पृष्ठहरु खोल्दै, खोल्दै लेख्यौ
बितेका दिनहरु बल्झाइ, बल्झाइ लेख्यौ ।

बादल थिए विगतहरु बताससँगै उडे
आकाश ढाक्ने इच्छा बोकी सावनबनी झरे

स्मृतिको कलमले आँशु चोबी लेख्यो
विवशताको मलमले धाउ छोपी लेख्यो ।

13. जीवन क्रम

यही रातमा कोही सुखमा रमाउँदै होलान्
यही रातमा कोही आँशुमा नुहाउँदै होलान् ।

लगन पँखैदै होलान् कोही
कोही मृत्यु पँखैदै
सपना सजाउँदै होलान कोही
कोही विलाप सुनाउँदै ।

रुपिया गन्दै होलान कोही
कोही धम लुटाउँदै
आघात दिँदै होलान कोही
कोही चोट सहँदै ।

14. उड़ाइ

जवानीको जोश हरे
डाँड़ा-काँड़ा कुदयो जवानीको होश हरे
बेहोशीमा उड्‌यो ।

इन्द्रेणीमा चढ्न खोज्यो
सातैं रंग लिन खोज्यो
बैंशको सूर टिपी
खहरेलाई हेर्‌यो
उड्‌यो ! उड्‌यो ! उड्‌यो !
बेहोशीमा उड्‌यो ।

माया लाउन साथ खोज्यो
पिरथीमा डुब्न खोज्यो
आँखामा तिर्खा बोकी
परेवालाई हेर्‌यो
उड्‌यो ! उड्‌यो ! उड्‌यो !
बेहोशीमा उड्‌यो ।

15. तरंग

खुल्ला हुन्छ मनको ढोका
कोही प्रवेश गर
दुवै चन्चल नयनलाई
तिम्रा ओठले छोप।

बर्खाको भेल झैं बैंशको उमेर
आधारको चाह छ तृषित नजर
हिमालको शिरमा सिन्दुरको लहर
शरमको बन्धन छ मुस्काउने रहर ।

परागको सुवासमा नशालु नयन
बिहानको लालीमा भिजेको जोबन
फकँदो फूलमा साँझको रोगन
छल्केको हृदयमा मधुमय बदन ।

16. आदर्श

कति पल्ट झरें आँखाबाट
कति पल्ट लड़ें ओठबाट
केवल तिम्रो आँखामा अल्झि बसेकोछु
केवल तिम्रो ओठको मुस्कान बनेको छु ।

गाँउदा गाँउदै गीतको भाका बिर्सिएको बेला
हिँड्दा हिँड्दै, हिँड्ने बाटो हराएको बेला
तिम्रो स्वरको सूरले भाका संझाइदिन्छ
तिम्रो चोखो हेराइले बाटो देखाइ दिन्छ ।

त्यसै, त्यसै भित्री मन बहकेको बेला
थुनिएका भावहरू छल्किएको बेला
तिम्रा सुन्दर सोचले मन बाँधिदिन्छ
तिम्रा शुभ भावनाले भाव संगालिन्छ ।

17. खंडित

रंग-रगंमा विभाजित
परिवर्तनमा पराजित
सफा चेतनाको कमीमा
अवहेलना हामीमा ।

संघर्षको बाटो भित्र
विभेदको राग गुञ्जियो
हुर्किएको आशा भित्र
निराशाको रोग पलायो।

अभावको राप भित्र
श्रमिकको होश हरायो
बेकारीको चाप भित्र
सत्तामाथि आशा हरायो ।

भावनाको गीत भित्र
ब्यवहारको सरगम हरायो
परिचयको ताल भित्र
विकाशको मात्रा हरायो ।

18. प्रयोग

कम रेखा जिन्दगीको
कसले गनेको छ ?
ऐना बिना आफ्नो मुहार
कसले देखेको छ ?

आँखामा रात बसे मनमा अंध्यारो
शंकामा मनबसे सोच अंध्यारो
धामै अंध्यारो, जूनै अंध्यारो
पापका छिटा भावनामा
संसार अंध्यारो ।

आँशुमा आँखा भिजे ऐना धमिलो
रगतमा दोष भिजे कम धमिलो
घामै धमिलो, जूनै धमिलो
पापको पाइला भावनामा
धर्म धमिलो ।

19. दोधार

चोकिदारको नाम लाग्यो
राज नहुनाले
विदेशीको दोष लाग्यो
राज्य नहुनाले ।

बैमानीको समूहमा
इमान हुनु भूल भयो कि
दोषी जनको समूहमा
निदोर्ष हुनु भूल भयो कि

बीर जातिको वीरताको लेखा हरायो
गोर्खालीको उदारताको जोखा हरायो ।
बैगुणीको समूहमा
पौरख दिनु भूल भयो कि
स्वार्थीको समूहमा
रगत दिनु भूल भयो कि
गोर्खालीको पसीनाको मोल हरायो
गोर्खालीको रगतको रंग हरायो ।

20. विलुप्ति

पुस्ता बिते, पूर्खा बिते
हातमा केही छैन
हामी को हौं, हाम्रो के हो
लेखा-जोखा छैन ।

चियाबारी, कुलेनबारी हाम्रो होइन भन्छन्
धड़ेरी र खेतबारी हाम्रो होइन भन्छन्
हाम्रो धरको मझेरीमा पाइला टेक्ने कोही
पाहुनाको भेषमा आई मालिक हुने कोही।

पहाड़को चोखो रुप हाम्रो होइन भन्छन्
टिस्टा-रंगीत महाकाल हाम्रो होइन भन्छन्
जाली मनले मीठो बोल्दै साइनो लाउने कोही
गोर्खालीको सोझो मनको फाइदा लिने कोही।

21. प्रहरीको मन

प्रत्येक पहर प्रहरीको
सबै सबैमा प्रणाम छ
प्रहरीको सलाम छ
प्रहरीको सलाम छ।

दुःखी-सुखी बाल-वृद्ध
मनवान धनवान सबैलाई
शासक-शासित शोषक- शोषित
ज्ञानी- अज्ञानी सबैलाई
सर्व-समान सेवा छ
प्रहरीको सलाम छ ।

गाँस-बाँस जीवन-प्राण
आज-भोलि तिमीलाई
हाम्रो आफ्नो घर-बार
तिम्रै भरोसा हामीलाई
मनमा एउटा आशा छ
प्रहरीको सलाम छ ।

22. धून

को कसरी बाँचिरहेछ
किन खेजिरहनु
आफ्नो दिन-रातलाई
आफैले नै निहार्नु ।

धूलो भएर हुन्छ कि
ढुंगा भएर हुन्छ
सडक भएर हुन्छ कि
शहर भएर हुन्छ
आफ्नो, आफ्नो हत्केलामा
जीवन खेल्दै हुन्छ ।

बस्ती बनेर हुन्छ कि
मस्ती भरेर हुन्छ
शीशा भएर हुन्छ कि
दिशा भुलेर हुन्छ
आफ्नै मनको सम्झौतामा
बाँच्न कर लाग्छ ।

23. मनको धाउ

जाती हुने कति धाउको
दाग हराउँदैन
दाग हराइगए पनि
दुखाइ हराउँदैन ।

साह्रै दुख्छ कति घाउ
छुँदा छोइन्दैन
आघात हुन्छ कति ठाँउ
चोट देखिन्दैन ।

आँखाभित्र आँशु बस्छ
दह देखिन्दैन
मुटु फोरी हेरे पनि
मन भेटिन्दैन।

24. परिवेश

दशैँको बेला नकोही गाँउछन् मालसिरी भाकामा
टीकाको दिन नकोही लाँउछन् जमरा शीरैमा
भत्केको गुँड़ चरीको जस्तो दार्जीलिङ भएछ
रित्तेको भाँड़ा बजेको जस्तो नेपाली भएछ ।

मादलको शशी शहर पसी गल्लीमा बिलायो
मारुनी नानी महल पसी दौलतले बाँधियो
संगीनी गाँउने गाँउकी चेली नोकरनी बनायो
रसिया गाँउने खेतालाहरु भरिया बनायो ।

कमान-बस्तीको मादले दाई असभ्य भयो रे
डम्फूको राजा गाँउको तामाङ जंगली भयो रे
भैलोको दिन बिदेशी बाजा संस्कृति भयो रे
देउसीको दिन पश्चिमी नाँच जागृति भयो रे ।

25. बेकारीको दिन-रात

कति दिन्छौ दया-दान
गरिखाने ठाँउ देऊ
बल-बुद्धि छँदै छ
बेकारीलाई काम देऊ

टीका लाउँदै बाबा भन्छन्
ठूलो मान्छे हुनु
त्यसरी नै आमा भन्छन्
धनी-मानी हुनु
बेकारीको चिसो टोपी मुहार छोप्दै छ
धनी-मानी ठूलो हुने बाटो खेज्दैछु ।

छोरी भन्छे फोर जीको फोन
किनिदिनु
छोरो भन्छ विदेश जान्छु
लोन खोजिदिनु
बेकारीको प्रंजा-पट्टा हातभरि ठेला
ठेलाबाट रगत आँउछ दाम कसले देला।

26. खोजी

अर्कै संसार खोजूँ कि
बताससंगै भागूँ
पानी भई बहूँ कि
धुलो भई उडुँ
के, के आँउछन् के, के जान्छन्
अन्योल मनभरि
मेरो हजुर नामैं बेकारी।

सप्तरंगी जवानीको सपनामा बाँचेछु
बल्दो उमेर झलमल कल्पनामा डुबेछु
चालीस बैशाख नाघि सकें
कस्तो खडेरी
मेरो हजुर नामैं बेकारी।

मनभरि आशा बोकी बाटो खोज्दै डुलेछु
रातभरि नींद हराइ धाम हेर्न उठेछु
उमेर बोकी थाकिसकें
कस्तो खडेरी
मेरो हजुर नामैं बेकारी।

27. गाँउले बेकारी

टी० बी० लागोस्, क्यान्सरै लागोस्
थाड्ने, औले, कोड़ै लागोस्
मगमगे जवानीमा
बेकारीको रोग नलागोस् ।

काम खोज्नु भन्दाअधि
खसी बेच्नु पर्छ
सुंगुर-खसी नभएमा
नौ सिँगले ट्छ।

हुनेले त पुन्याइदेला नहुने त हार्छ
बेकारीको जिन्दगीलाई उदासीले धेर्छ ।

कि त बाबु-काकाहरु
नेता हुन पर्छ
कि त ठूला-बड़ालाई
तेल लाउनु पर्छ

यति गर्न नसक्नेले हिस्सै हुनु पर्छ
बेकारीको जिन्दगीलाई काललले निम्तो गर्छ।

28. अतृप्तता

ब्यर्थ लाग्छ जिन्दगी
अभावले घेर्दा
वरदान लाग्छ जिन्दगी
सम्पूर्णमा हुँदा ।

अभावको बाङुलीलाई
सम्पूर्णको पानी
जति पिए नरमाउने
मानिसको बानी
उड़िहिड़्छ काकाकुली
हेर जिन्दगानी।

धेरै खोज्ने तृष्णालाई
असन्तोकको बाली
जति खाए नअधाउने
मानिसको बानी
उड़िहिँड़्छ काकाकुली
हेर जिन्दगानी।

29. साथीलाई सन्देश

डाँफे चरी उड़ी उड़ी गाए जस्तो लाग्छ
हिमालको ब्यथा कोही रोए जस्तो लाग्छ
बिहानीमा पातमाथि शीतै शीत हुन्छ
शीत होइन हिमालको आँशु जस्तो लाग्छ ।

गुराँसका फूलहरू ओइली सक्यो भन्छ
मखमली सयपत्री झरिसक्यो भन्छ
पहाड़को चोखो झरना सुकिसक्यो भन्छ
मालसिरी, लइबरी हराइ सक्यो भन्छ
रगतको कसम छ है डाँफे मुनाललाई
मरिजान दिने छैन चाँप-गुराँसलाई

संगीनी र जुवारीलाई बिर्सिसक्यो भन्छ
चौतारीको बर-पीपल ढलिसक्यो भन्छ
टीस्टा, रंगीत खहरेले गुनासो नै गर्छन
मुर्चुङ्गा र मादल-डम्फू लुकिसके भन्छन
यो माटोको कसम छ है टीस्टा-रंगीतलाई
भुल्नेछैन, तोड्ने छैन चोखो संस्कृतिलाई ।

30. रोगीदिन

बोल्ने मुख एकै एकै
बोली कति छन् कति
हेर्ने आँखा एकै एकै
दृश्य कति छन् कति ।

बोली भित्र मक्ख पर्न
खोज्ने कति छन् कति
देखेकालाई अदेख गर्न
रोज्ने कति छन् कति ।

झलमलभित्र झलमलिँदै
हाँस्ने कति छन् कति
अलमलभित्र अल्मलिँदै
डुब्ने कति छन् कति ।

31. जीवनको सरलता

लिनु नै के छ र, दिनु के छ र?
बाँचिन्जेल सबैको माया मात्र हो ।
माया नै के भन्नु, दया के भन्नु ?
पानीमा जूनको छाँया मात्र हो ।

मानिसको जीवन ओइली झर्ने पात हो
गाँउ-धर सन्तान देखिन्जेलको साथ हो
देखिन्जेल सबैको आशा मात्र हो
जल्ने त चितामा लाश मात्र हो ।

पाउनु कसले के छ र लाशमाथि आँशु हो
मरिगए मलामीको एकै मुट्ठी माटो हो
दुई दिन जवानी, दुई दिन जीवनी
उडाँउछ हावाले एकदिन खरानी ।

32. मौनता

चूपचाप हिँड्छ जिन्दगी
कोलाहलको बजारमा
चूपचाप बग्छ भावना
ब्यस्त ब्यस्त सडकमा

सोचाइका छालहरु
हृदयका भावहरु
ठोकिन्दै भत्किन्दै
भत्किन्दै ठोकिन्दै
यो चूपचापमा
मौनताको साँधमा ।

लगनका दीपहरु
सृजनका सीपहरु
सजिन्दै, भत्किन्दै
भत्किन्दै, सजिन्द
यो चूपचापमा
मौनताको साँधमा ।

33. प्रतीक्षा

आशा बोकेका भोटहरु
सिन्कोनाका फूल हुँदै
कैले फुल्ने हो,
चियाबारीकां मुहार हुँदै
कैले हाँस्ने हो।

प्रकृतिको हरियाली
चाँप-गुराँस फूलहरु
पहाडका धाराहरू,
पसीनाका धाराहरू
आशा बोकेका भोटसंग
कैले रमाउने हो।

अभावको रुखो बारी
गरीबीका चापहरु
अनुहारको सुक्दो आभा
विवशताका छापहरु
आशा बोकेका भोटसंग
कैले खुसाउने हो ।

34. सोझो मन

सुकर्मको बाटोमा
धैरै कष्ट हुन्छ
कुकर्मको बाटोमा
मति भ्रष्ट हुन्छ ।

जन लुटी धन बाँड्दा
दानी हुँदैन
बैमानीको मीठो कुरा
मानी हुँदैन ।

उम्रदैमा पानी आफै
दुषित हुँदैन
जन्मदैमा मानिस आफै
कुत्सित हुँदैन ।

सुख बिना सम्पतिको
शान हुँदैन्
कर्मबिना उपदेशको
मर्म हुँदैन ।

कति भूलले मानिसलाई
हानी हुँदैन

कृष्ण गिरी

एउटै मान्छे जहीं-तहीं
ज्ञानी हुँदैन ।

35. बालकपन

माया गरिदेऊ मलाई
माया फिजाउनलाई
ममता देखाइदेऊ मलाई
ममता फिजाउनलाई ।

समयसंगै उमेर बड्छ
बाटो नछोड्डियोस
हिड्दा हिड्दै बाटोबीच
मन नभुलियोस ।

कर्म सिकाइदेऊ मलाई
धर्म जोगाउनलाई
इमान सिकाइदेऊ मलाई
विश्वास बचाउनलाई ।

36. बाल सोच

आऊ, आऊ, रानी चरी कुरा गरिजाऊ
हामीलाई तिमी जस्तै उड्न सिकाइदेऊ
आज हामी साना छौं
भोलि ठूला हुनेछौं
पढ़ी-गुनी आँखा खोली
आकाशतिर हेर्ने छौं।

आज हामी अबोध छौं
भोलि ज्ञानी हुने छौं
चेतनाको ढोका खोली
आफूभित्र हेर्ने छौं।

37. प्रस्तुती

गाउनै पर्‍यो, नाच्नै पर्‍यो
नेपाली हूँ हाँस्नै पर्‍यो
निराशालाई पर सार्दै
जसो तसो बाँच्न पर्‍यो ।

दर्वानको टोपी लगाइ
पापी-पेट पाल्नै पर्‍यो
तारा गन्दै रहर मार्दै
धाम-पानी रम्नै पर्‍यो ।

जुलूस संग लस्कर हुँदै
आफ्नोपन खोज्नै पर्‍यो
तिमी को हौ भन्छौ भने
मैले माटो खोज्नै पर्‍यो ।

38. मेला

माइखोलाको मेलामा
तिम्रो हाम्रो भेलामा
आँखै हरायो कि मेरो
मनै हरायो ।

बगरमा बालुवाको घर बनाए छु
परेलामा त्यै खोलाको पानी सजाए छु
एकै झोका बतासले घर भत्काए छ
परेलामा सजिएको पानी सुकाए छ ।

मारुनीको नाचसंगै रहर नचाए छु
चारदिने मेलाभित्र माया बसाए छु
एकै रातको अंध्यारोले रहर तोड़िएछ
रहरले संगालेको माया छोड़िएछ ।

39. मतदान

जीवन बाँच्न चाहिने सुविधाकोलागि
एक झपक निदाउनलाई सुरक्षाकोलागि
घरका काम सबै छोड़ी मत दानमा गएँ
सम्पूर्णको आशाबोकी हाँस्दै घर आँए।

राम्रो स्कूल पठाईदिन्छु
सानाहरुलाई
नामी कलेज पढ़ाइदिन्छु
ठूलाहरुलाई,

तिम्रो कसम संझिएर मख्खै परेछु
किन मख्खे परें आफै छक्कै पर्दैछु ।

राम्रो घर बनाइदिन्छु
छोरा-छोरीलाई
सानो गाड़ी किनिदिन्छु
सौदा गर्नलाई

तिम्रो भाषण सुनेपछि ढुक्कै परेछु
किन दुक्कै परें आफै छक्कै पर्दैछु ।

40. व्यस्तता

तिम्रो आधा समय
नाफा लुकाँउदै सकिन्छ,
रहल आधा समय
नोक्सान देखाँउदै सकिन्छ ।

भोक भन्ने कस्तो हुन्छ
भोकाहरुलाई सोध,
तिर्खा भन्ने कस्तो हुन्छ
तृषितहरुलाई सोध ।

धन भन्ने कस्तो हुन्छ
खटिखानेलाई सोध
ऋण भन्ने कस्तो हुन्छ
ठेलाहरूलाई सोध ।
धर्म भन्ने कस्तो हुन्छ
असहायलाई सोध
कर्म भन्ने कस्तो हुन्छ
अभागीलाई सोध ।

41. तमाशा

यस्तै रहेछ रीत यहाँ
यस्तै रहेछ रीत
कोही नसुन्ने दर्द भरेका
दुःखीहरुका गीत

आँखा सबका छन् महलमा
झोपड़ी कसैले देख्दैनन्
हाँस्न आउँछन् सुख, सुखमा
आँशु कसैले देख्दैनन् ।

कहाँ हराए मन्दिर-मस्जिद
कहाँ हराए भगवान
आँशु मात्र दुःखीहरुलाई
यो कस्तो बरदान ।

न त कसैमा छ भरोसा
न छ कसैको आश
रिता आँखा हेरिरहन्छ
आफ्नै जिउँदो लाश ।

42. अलमल

सभ्यताको हावाभित्र संस्कृतिको छाँया बिलायो
गोर्खालीको मुटुभित्र आफ्नोपनको माया हरायो ।

शरम आफै शर्माएर भागिगए जस्तो
धरम आफै डराएर लुक्न गए जस्तो
सुनाएका कति कुरा नबुझेको जस्तो
बुझाएका कति कुरा बेसी बुझे जस्तो ।

अर्काको पछि लाग्ने हाम्रो पाउ कस्तो
शोषकलाई सलाम गर्ने हाम्रो हात कस्तो
सिरुपाते खुकुरीमा लाहा छैन जस्तो
शिरको टोपी भुईंमाँ खस्यो थाहा छैन जस्तो।

43. दौड़

कुनै सूत्रमा नबाँधिने
हिसाब जिन्दगीको
कुनै किताबमा नलेखिने
यात्रा जिन्दगीको

जोड्दै गयो धट्दै जान्छ
बाँधू भन्यो फुस्कि जान्छ
सजाँऊ भन्दा भत्कि जान्छ
चूपचाप हुँदा जिस्कि दिन्छ

जता हिँड्यो त्यतै आँउछ
जता हेर्यो त्यतै हेर्छ
भाग्न खोज्दा बाटो छेक्छ
भेट्न खोज्दा भागिदिन्छ ।

44. स्वीकृति

शीतका थोपा फूलमा खसे
मोती झैं टल्कन्छन्
ती शीतहरु माटोमा खसे
माटोमै बिलाउँछन् ।

प्रीतिका फूल पत्थरमा छरे
कहिल्यै फुल्दैनन्
ती फूलहरु हृदयमा छरे
कसैले भुल्दैनन् ।

आँखाको आँशु खोलाको पानी
कहिले बन्दैन
जूनको छाँया पोखरीभित्र
संधैलाई हुँदैन
हिमाली खोला शिशिरभित्र
कहिल्यै सुक्दैन
फूलको मुस्कान झरनाको पानी
बिटुलो हुँदैन ।

45. अशान्तिको चोट

म शान्ति खोज्दै हिँड्छु
शान्ति मलाई खेज्दै हिँड्छ
त्यो चौतारी कहाँ होला
जहाँ हाम्रो भेट हुन्छ ।

टाकुरामा पाइला टेक्दै
क्षितिज पारी खोजें
पूर्णिमालाई सुम्सुमाउँदै
चाँदनीलाई सोधें ।

भावनाको सडक हुँदै
कल्पनामा डुबें
आँखाको नानी हुँदै
आँशुभित्र पुगें ।

जीतभित्र छौ कि तिमी
पराजयमा छौ
सम्झौतामा छौ कि तिमी
विश्वास भित्र छौ ।

46. विप्लव

जलिनेका वंशहरु
जलाउने वंशहरु
कहिलेसम्म उभिने हो
खरानीका धरहरु ।

बन जल्यो, धन जल्यो
तन जल्यो, मन जल्यो
अस्तित्वको चाहना
गाँखालीको आशा जल्यो ।

माया जल्यो, काया जल्यो
साइनो जल्यो, नाता जल्यो
घाम देख्ने चाहनामा
गाँखालीको शान जल्यो ।

47. बन्द पुस्तक

माथि माथि डाँडाका
चौकीहरूमा बसेर
कल्पनाको सूरमा उड़ी
दुःख नगाए हुन्छ
भावुक्ताको काँधमा चढ़ी
आँशु नझारे हुन्छ ।

खटिखाने हत्केलाका
ठेला गनेकै छैनौ
फूटिरहेका हत्केलाका
दुखाइ बुझेकै छैनौ ।

भारी बोकी पाछिएका
आङ हेरेकै छैनौ
पाइतालामा छिप्पिएका
खिल छामेकै छैनौ ।
भित्र भित्रै मरिरहेका
मन छामेकै छैनौ
अभावमा जलिरहेको
आगो तापेकै छैनौ ।

48. दोमन

चट्टानमा थुरिएका
हम्बर - छिनोका स्वरहरू
बाँझोमा थुरिएका
काँटा - फरुवाका स्वरहरू
मेरो चेतको ढोका खोली
पस्न सकेकै छैनन् ।

आँखाले देखेका कुराहरू
मनमा परेकै छैनन्
मनले देखेका कुराहरू
मुखमा आएकै छैनन् ।

विभेदले घेरेका भेदहरू
खुल्न सकेकै छैनन्
भाषणमा हुर्केका फूलहरू
फुल्न सकेकै छैनन् ।

49. बाँचिरहन

बाँचिरहन पाँउदा कहिले
सुखी होइन्छ
बाँचिरहन पर्दा कहिले
दिक्क मानिन्छ ।

अबोध शैशव
रंगीन यौवन
खेल्दा खेल्दै
पढ्दा पढ्दै
बड़दै जाने हो ।

आफू एक
सप्ना अनेक
खोज्दा खोज्दै
रोज्दा रोज्दै
डुब्दै जाने हो ।

बड़दो उमेर
घट्दो आयु
हिँड्दा हिँड्दै
बोल्दा बोल्दै
सकिजाने हो ।

50. बाल संसार

फूलबारीका साना साना हामी फूलहरू
फरक, फरक सुवासका हामी मूल हरू
कलिला छन् हात-पाऊ बड़न सिकाइदेऊ
मलिला छन् मनका बारी ज्ञान रोपिदेऊ ।

आफ्ना आफ्ना सुवास छर्न फुल्न चाहन्छौं
सूर्य, चन्द्र प्रकाश-पुञ्ज बन्न चाहन्छौं
साँचो के हो, भूठो के हो चिन्न सिकाइदेऊ
कुन बाटो कहाँ पुग्छ लक्ष्य देखाइदेऊ ।

सही बाटो हिंड़न पाए लक्ष्य समाँउछौ
मन शुद्ध राख्न पाए ईश्वर भेटाँउछौ
बाँच्न पर्ने कसरी हो कर्म बुझाइदेऊ
सुख-शान्ति सुरक्षाको मर्म खोलिदेऊ ।

51. बाल आकांक्षा

हामी केवल बालक होइनौं- मुस्कान ईश्वरको
हामी केवल प्राणी होइनों - आशा ईश्वरको ।

सफा पानी, सफा आकाश सफा तन-मन
सत्यम्, शिवम्, सुन्दरमको बास बालकपन ।

निराकार ईश्वरको रूप मानव जाति
नछोपिदेऊ कुतर्कले बालकको छाति ।

हाम्रोलागि अक्षर अंक ईश्वरका आँखा
सत्य-प्रेम सद्भावना ईश - अभिलाशा ।

52. लहड़

फूल भन्दा कोमल मन
धेरै पल्ट दुख्यो
दुख्दा दुख्दा बानी पर्‍यो
पत्थर सरि भयो ।

छाल बन्यो समुद्रको
किनार नाघी बह्यो
तृष्णाको आवेगमा
आफैलाई भुल्यो ।

हात बढाई चाहनाको
प्रकाश टिप्न खोज्यो
रहरको लहड़मा
रहस्यलाई भुल्यो ।

पत्थर मान्यो जिन्दगीलाई
हरेक चोट सह्यो
कठोर बन्यो बाहिरलाई
भित्र तरल रह्यो ।